Enric deSombra

EL OCÉANO PUEDE PUEDE ESPERAR

Platero
COOLBOOKS

Título: El océano puede esperar
Primera edición: enero, 2024
© 2024, del texto Enric deSombra.
© 2024, de la edición, maquetación y diseño Platero CoolBooks.
© Platero Editorial S.L.
Glorieta Fernando Quiñones s/n .
Edif. Centris, planta 2, módulo 10. 41940 Tomares (Sevilla)
info@plateroeditorial.es
www.plateroeditorial.es
Diseño de portada: Platero CoolBooks.

Printed in Spain-Impreso en España
ISBN: 978-84-10062-01-6

Muchas gracias por tu visión, Patricia
(y por el título).

ÍNDICE

Motas de polvo sobre un horizonte portátil

Vienen las ideas al asalto de la mente, abriéndose paso entre la incertidumbre de los momentos vividos y la memoria de los actos venideros. La perturban con sus dudas de futuro y sus angustias de pasado. Entre ellas, inmensos vacíos que esperan respuesta. Así son las ideas, ajenas a la calma y al oleaje. Y, mientras tanto, nos atormentamos ante el sentido de las cosas presentes con nuestra razón de ser. Algunos bálsamos embriagan transitoriamente, otros se afanan por acariciar lo intangible, al tiempo que nuestra limitada percepción de lo inconmensurable dialoga con la incapacidad analítica sobre la totalidad. La soledad frente a lo inabarcable genera desazón, un mundo cuya magnitud avasalla al ser humano, condenado a la búsqueda de un entendimiento, de una complicidad con una existencia que le rechaza, sintiéndose tan minúsculo ante el último aliento como entre aquello que le debiera ser natural: la vida misma.

Enric deSombra nos ofrece en *El océano puede esperar* la quebradiza voz de un hombre consciente, sabedor de que una de las grandes ilusiones de la cultura resiste difícilmente el más inocente cuestionamiento. El sentido, en cualquiera de sus acepciones, ha impregnado toda nuestra vida enseñándonos que su voz dicta el camino y evita el alto precio de la duda. Sin él (muertos ya Dios, el estado, el padre, el progreso...) la arbitrariedad se adueña de la existencia, produciendo una realidad sin suelo bajo los pies que nos marea ante el vacío sobreestimulado.

La nuestra es una insignificancia, por si no fuera suficiente, capaz de contemplar mentalmente la perfección, el infinito, la felicidad..., condenándonos a no alcanzar nunca su brillante reflejo hasta el fin. Y ésta es una muerte sentida como el vago sueño de una «paz mineral» entre la espantosa vida del sinsentido. Un anhelo entre multitud de pequeñas y angustiosas muertes en vida, de contradicciones superpuestas en un yo ajeno del que desprenderse para la «bendita nada».

«Mi poesía quiere ser silencio», habitar esa región para la que el poeta busca palabras que no encuentra. Decir lo que no puede ser escrito es un puente inconcluso. Pese a ello es capaz de escuchar los susurros del otro lado transportados por el mar, pues ante éste «nada existe más». Un infinito vivo que le devuelve el suyo y todos los reflejos, un mensajero del lado de allá que promete y amenaza con llevarle entre sus olas, acunándole con sus rumores de silencio.

En esta deriva es difícil construir, pues se precisa renombrar el mundo con lenguas nuevas que atraviesen los conflictos fabricados por ideas dirigidas. Ver de nuevo en el caos como la primera persona, llenar la boca de significados no definidos, de primeros sabores, darse la oportunidad porque «(...) el sol llegará / Sólo hay que esperar». Una esperanza que funda la posibilidad de una vida compartida superando excepcionalmente las esquinas del absurdo. Donde las luces se iluminen mutuamente hasta el punto que sobre las sombras del «desaparezco» prevalezca la postergación de la llamada oceánica. De ahí que, pese a todo, el autor no renuncie a la *joie de vivre* y busque un norte al que agarrarse para no naufragar ante tanta intemperie. Quizás sea la búsqueda la que permita la ilusión. El viaje y la compañía.

Una brújula desdentada hacia el refugio adecuado: una ubicación geográfica en lo sentimental. Inconsciencia dichosa en la que la poesía drene los miedos que acuden sin avisar. La dedicatoria del libro nos pondrá sobre la pista adecuada en esta cuestión. La presente obra testimonia una trayectoria de largo recorrido. Pudimos disfrutar ya de sus versos y prosas en la revista *Ferbero*, publicación artesanal de creación literaria y artística cuya gestación y desarrollo ocupó gran parte de nuestra lucidez y nuestro sueño, entre 2006 y 2010. Sus páginas propiciaron no sólo el descubrimiento de un autor al que leemos con entusiasmo, sino también la alegría de la amistad compartida con quien por aquel entonces firmaba como Enric Mora, antes de convertirse, en 2009, en uno de los miembros fundadores del grupo de rock Tren de Sombras (https://trendesombrasband.wordpress.com), banda en la que ejerció de guitarrista, vocalista y autor de sus letras.

Aquella experiencia vital sobre los escenarios supuso una epifanía artística, si bien no en las preocupaciones vitales tratadas hasta el momento, que persistirían cual nudo gordiano en torno a su pluma, sí en la diversificación de los canales por los que aflorarían sus versos, así como en la interacción con lxs destinatarixs de la obra de arte, quienes podrían degustar su trabajo en un formato diferente al de los recitales poéticos en los que compartimos atril. Había nacido Enric deSombra. No es casualidad, pues, que a *El océano puede esperar* le acompañe otro puñado de versos titulados *Otros poemas y canciones*, apéndice que acoge algunas aportaciones previas y las letras de algunos de sus últimos temas musicales, ya en solitario (https://enricdesombra.wixsite.com/music/soundvision).

Constatamos, en definitiva, la obra de Enric deSombra como un continuo en el tiempo que nos invita a dialogar con las honestas conclusiones de un empirismo radical. Habita en ella un ser traslúcido que, a lo largo de sus muertes y nacimientos, se torna un peso rebelado ante las leyes de la física. Una identidad que, al ofrecernos destellos de esta agitación vital, evoca la silueta de una figura encaminada hacia el horizonte de un sol poniente. De ahí que no podamos más que invitar a la lectura de un libro que testimonia el triunfo cotidiano de existir en el discontinuo espacio/tiempo sin sucumbir a los precipicios de una comprensión imposible. La insignificante victoria de mantener la ilusión de la cordura y, pese a todo, caminar.

Nuestra presencia termina aquí, ante la invitación del poeta a compartir sus insondables vacíos y plenitudes, viendo cómo os adentráis en la soledad poblada de sus versos hasta perderos en el desfigurante caos. Quién sabe qué lectorxs nacerán al final de este viaje.

Javier Seguer y Daniel Seguer
Escritores

PRELUDIO

Nunca fui muy listo
ni rápido
pero al fin encontré algo
que se sostiene en la noche
tras apagarse las brillantes torres de marfil
que se alzaban millas sobre mi cabeza
en el desolado infinito del horizonte
del interior de los muros de mi alma

Nunca fui muy listo, pero últimamente
tu diosa me ha ido guiando
gracias a tus altares mágicos
de florecillas que robaste
en jardines aterrazados
frente a la eterna promesa incumplida
de arcanos reinos metálicos
que apuntan siempre hacia el mar

Gracias a todo eso, gracias a ti
y al sitio que me ofreces a tu lado
en esta agreste senda alada
que estás llamada
a recorrer
al fin he encontrado algo
que se sostiene en la noche
junto a ti.

PARTE I

PART 1

Sentado ante el mar
nada existe más
No hay deseo
no hay lugar
no hay recuerdo ni verdad
que me importe nada ya

Sentado ante el mar
nada existe más.

Magnético
Mercurial
¿Cómo explicar
esa plata abisal
ese brotar eternal
ese alud horizontal
derrame sísmico de toda emoción conocida
desatada y en reposo a la par?
Fuerza bruta primigenia
Sin tiempo para desear
¿Qué más perfección comparable?
¿Qué más existencia ideal?

Aire
Espacio infinito delante
Ni muros
Ni turbas
Ni arengas
Ni neones
Sólo aire
y espacio infinito

La sal en el viento, aliento
de la omnisciente
y líquida montaña verde
que se extiende hasta el más allá
te trae susurros de algún lugar
fabuloso, que prefieres imaginar
desde aquí.

Azul gaseoso allá
en lo alto de la montaña espumosa
envolviendo mi vista
que se deja atrapar

Es sólo un instante
en otro mundo
y no significa nada

Es la nada
Bendita nada.

Concentrando mis sentidos
en el tacto de plata fría que me sumerge
y al vaivén de sus envites
de animal ciego y vaporoso
sólo por un instante
desaparezco
y puedo apenas atisbar
la paz mineral
de la Tierra.

Ola restalla
contra mí. Pero no me lleves
todavía. Revuélcame
en tu primigenia furia salada
en tu esencial y binario sinsentido
en tu gozoso caos efervescente
y en tu sorda paz sumergida
Revuélcame
pero no me lleves todavía.

No hay tiempo en la vida
mas de algún modo es infinito
en la mente

Uno es uno y mil
Vivir y revivir
una y otra vez
y al mismo tiempo ver
lo que viene después

Vida infinita, tiempo inmensurable
por siempre en el aire
mientras lo respires.

Uno es uno y mil
Celebro haberme visto morir
y revivir
una y otra vez
como el mar
siempre distinto
siempre igual.

Busco palabras
Siempre busco palabras
aun sabiendo
que las palabras
se las lleva el viento
y no hay viento
que valga
que te devuelva el tiempo
que tardas
en buscar palabras.

INTERLUDIO

Veo muchos poetas últimamente
y muchas palabras en sus poemas
muchas muchas muchas palabras
grandilocuentes y arrogantes
Siempre afanándose por romper la pana
pretendiendo ser Gengis Khan
con sus incendiarios manifiestos
que todo habrán de cambiar

El mundo sentirá la sacudida
de las palabras de estos poetas
y la humanidad toda, temblorosa
dejará todo lo que estaba haciendo
para romper en llanto
y romper sus cadenas
y romper sus barreras
en profana Epifanía

Tendré que hacer también mi manifiesto
si quiero llamarme poeta
Pues bien, ahí va

Mi poesía habla bajito al oído
Mi poesía no tiene amperios
Mi poesía escucha las olas
Mi poesía quiere ser silencio

Gracias. Ahora sigamos.

PARTE II

PARTE II

Pero en otoño, el mar se vuelve miedo
azul metálico, y quizá
no era infinito después de todo, sino
pared más alta, y quizá
no fue tan buena idea, y quizá
no seré capaz, y quizá
no era lo que quería

No sé qué decirte
Pero en otoño, aquí estamos
Hace buen día.

Arréglatelas para vivir en esos momentos
Arréglatelas
en esos momentos
en que uno mira y no hay nada
que signifique nada
en que uno mira el mar y podría estar viendo
un rastrillo, por ejemplo
o un fax, o una mascarilla
o un *leasing*, o un suéter de marca
o un cochecito de bebé
es decir, cosas absurdas cuando no participas
del objeto para el que fueron creadas
lo cual jamás dirías del mar, y sin embargo
así se ve también el mar a veces
y así se ve la vida también a veces, y así te ves
tú mismo también a veces
y arréglatelas para vivir entonces
Arréglatelas.

Hay un bicho en la luz
de tus ojos
siempre causando interferencias
revoloteando en el foco
de tu mirada
ese candor de tu mirada que lo inunda todo
de claridad
y favorece a los que se encuentran ahí

Todo el mundo tiene mejor color
al recibir tu mirada
Mientras tanto, ese bicho ahí en medio
revoloteando en tus ojos
siempre causando interferencias.

Si supieras lo inmensa que eres no te hablarías así
Si supieras que el aire que respiras se ilumina para mí
Si supieras que la luna llena no es tan plena
si tú no la miras
Si supieras lo inmensa que eres no te hablarías así.

Me siento tan pequeño

El mundo ha muerto
disuelto en el viento
que arrecia sin término
y vivo desierto

No piso el suelo
Sólo tengo sueño
Soy un cielo yermo
y vivo desierto

Miro al espejo
y no tengo cara
No estoy despierto
y vivo desierto

No encuentro nada
No sé qué pasa
No llego a puerto
y vivo desierto

Si pudiera volar
Si pudiera nadar
por debajo del mar
eternamente, sin necesidad
de asomar
la cabeza nunca más
podría volar
podría volar.

Ser no-ser
algún día, sólo verter
y verterme
(sin saber, sin querer)
en el limo, en la tierra
donde nada espera
ni escucha a la ciencia
donde no hay cabeza
visible, ni pensante
donde nunca es antes
donde no hay avances
ni proyectos, sólo actos
ciegos, sordos, desapasionados
inexorables
donde no hay carácter
donde no hay cháchara
ni más ruido que el estruendo
del puro y simple movimiento
sin objeto
del dios líquido y primigenio
que algún día nos tragará
por fin, de una vez
y ya todo estará
bien.

PARTE III

PART III

No tengo nada más que
todo
Podría vivir en el lodo
como un bicho feliz y calmoso
y de algún modo
no estaría mejor
ni peor
estaría a fondo
tal cual estoy
No tengo nada
más que todo

Si pudiéramos, tú y yo,
vivir siempre en el interior
de este minuto
infinito

Si pudiéramos, tú y yo,
vivir siempre en el interior
de este minuto
infinito

Si pudiéramos, tú y yo,
vivir siempre en el interior
de este minuto
infinito

Si pudiéramos, tú y yo,

Podría fundirse todo esto
desvanecerse en el aire:
esta plácida calle
esta brillante bahía
ese horizonte de plata
esas nubes de gasa
el aire mismo

Podría desvanecerse todo
apagarse como una bombilla quemada
desaparecer
dejar de existir
yo mismo
tú y yo
dejar de existir

y con todo y eso
ya no podrán quitárnoslo
Ya es nuestro
este momento.

La más bella explosión del mundo:
mi pequeño volcán rubio
Tu furia sacude la comarca
Tu fuerza derriba las murallas
Incendias todo con tu lava
pero ésta misma, de algún modo
tornará fértil el lodo
donde pronto crecerán
nuestras cosechas.

El sol llegará
Sólo hay que esperar
Tendido en la arena
veo nubes densas
No sé a dónde ir
Me voy a mojar
pero el sol llegará
Sólo hay que esperar

Llamo este sitio
Rincón del Infinito
y escucho el viento.

OTROS POEMAS
Y CANCIONES

TARDE DE MIÉRCOLES

Quiero decir que mañana a la hora del mar tendremos algún sitio adonde ir a cantar. Quiero decir que en el alma del aire que nos envuelve debe haber alguien con dientes de oro que se ríe de nosotros, vamos por ahí tratando de no parecer preocupados (¡que es el peor pecado, parecer preocupados!) y ese hombre se ríe y se ríe exhibiendo sus dientes de oro que de algún modo son transistores de nuestro escarnio, brillando al turbio sol de invierno que huele a cerrado. Tenemos que arrancarle esos dientes con nuestras propias manos, convertir su risa en una mueca sangrante y desdentada, cegar el pozo de su aliento podrido de dinero que alcanza la tierra entera, que escala montañas y desciende cráteres para apestar todo lo que es puro...

No, mejor dejadle que se ría. Sí, dejadle. Si nos acercamos, ni que sea para matarle, se nos pegará ese olor a la ropa y al pelo, y luego a la piel, y el olor del hombre de los dientes de oro ya no se va aunque te laves muy bien. Pronto no distinguiremos su olor del nuestro y nos habremos convertido en él. No os acerquéis. Hay que vencer sin combatir. El dinero no nos ama. Ni siquiera le habléis. Salgamos de su ángulo de visión y veremos otro mundo, que es éste mismo pero es otro. Se nos abrirá el sol. No miréis atrás. Quiero decir que mañana a la hora del mar tendremos algún sitio adonde ir a cantar.

LETREROS DE NEÓN ABANDONADOS

Fuimos el brillo del último rayo de sol de un crepúsculo de verano. Vimos el cielo estallar en pedazos. Hicimos una fiesta en la playa. Nos excitó el olor de la sangre de la luna. Violamos las nubes. Rompimos todos los espejos. Aullamos victoriosos. Caímos exhaustos de placer.
Despertamos tiritando en la gris alborada. Nadie nos dijo qué hacer entonces. Unos todavía lo estamos averiguando, otros se hicieron médicos y abogados. Al final aprendimos que no por mucho trasnochar amanecerá más tarde. Pero algunos, sólo algunos, se quedaron hechizados en aquel instante de esplendoroso vacío, eternamente vagando por los no-lugares de sus almas, husmeando el aroma del horizonte, oteando una grieta en el mar, persiguiendo chispas con un cazamariposas, clamando a los fantasmas de la espuma. Esperando que alguien vuelva a encender los letreros de neón abandonados.

¿RECUERDAS?

¿Recuerdas cuando al gordo Lucas le dio por buscar
    elefantes en el mar?,
y los ojos de Mario el Grande brillaban como los faros
    de un autocar
y sus faros alumbraban mundos invisibles, y todos le seguíamos
    sin parar de bailar
y una noche alumbró un barranco y nos hicimos a un lado,
    pero él no quiso frenar

¿Y recuerdas a Julio girando alrededor de su tocadiscos,
    a 45 revoluciones por minuto?
Su colección de *singles* era un río negro desbordándose
    por el suelo de su zulo
¿Y recuerdas que un día le tocó en una rifa una muñeca
    que se cortaba con cuchillas de afeitar?
No se sabe qué hicieron juntos, pero alguien los vio
    mendigando cerca del Taj Mahal

¿Y recuerdas las noches en que íbamos a encontrar
    la Grieta en el Universo, y por ella escapar?
No sin antes, por supuesto, derribar todas las colinas
    e incendiar toda la ciudad
y robar el Diamante de la Mañana
    y tatuarnos el Ecuador
y secuestrar un barco, y navegar
    hasta la mancha oscura del Sol

¿Recuerdas cuando éramos los Amos de la Tierra en un balcón
      de un pisucho del Raval?
No sabíamos que un día seríamos lacayos en una casa con piscina
      que cuesta un pastizal
Si lo hubiéramos sabido, ¿habríamos ido tras aquellos faros
      que alumbraban un barranco eternal?,
¿o habríamos seguido viviendo la vida que hemos vivido
      y mañana es Navidad?

HACIA EL SOL,
HACIA EL MAR

Se me cae el mundo a tiras
y la Luna me olvidó
Salen manchas en la brisa
No funciona el ascensor
No respiro por la herida
Para el metro en mi salón
Menos mal que desde arriba
me van guiando
hacia el Sol

Más allá de las colinas
que bordean la ciudad
recorriendo la autopista
van mis sueños hacia el mar
Si no aciertan la salida
no hay otra oportunidad
Menos mal que desde arriba
nos van guiando
hacia el Mar

LA EDAD DE ACUARIO

Es una suerte estar aquí
Ya no es tan fácil resistir
La edad de Acuario llegó
Oigo susurros de temor

Pero mientras tú estés a mi lado
seré un tentáculo del sol
Desalojando tus quebrantos
Vertiendo luz en tu salón

Mañana vamos a escapar
Seremos la Secta del Mar
No queda opción ni marcha atrás
No pueden alcanzarnos ya

Pero mientras tú estés a mi lado
seré un tentáculo del sol
Desalojando tus quebrantos
Vertiendo luz en tu salón

Pero mientras tú estés a mi lado
seré un tentáculo del sol
Desalojando tus quebrantos
Vertiendo luz en tu salón

LA ACTUALIDAD

Buenas noches, bienvenidos al Telediario deSombra
El único espacio donde se dice la verdad
Empezamos con la actualidad del día
con diversas noticias de ámbito local
que dicen así:

Vivimos en una ciudad muerta
      donde las calles no sueñan
Vivimos en una ciudad muerta
      donde todo el mundo espera
Espera la nada, espera la siesta
      Espera que nada se mueva
Espera la muerte con una sonrisa abierta

Vivimos en una ciudad muerta
      donde por mucho que camines, nunca llegas
Nunca te acercas ni te alejas, siempre te encuentras
      en el mismo sitio, en la misma tierra
en el mismo punto de destino, y a nadie le inquieta
      y todo el mundo enferma. Y a continuación:
«Sucesos» (en esta ciudad muerta):

Hay un tipo que se queda ciego cada vez que algo le va mal
Hay que estar todo el tiempo diciéndole
que todo va a mejorar
Hay un tipo que conoce a todo el mundo

y sabe todo lo que hacen, y a dónde van
y se lo cuenta todo al aire, pues no tiene a nadie
con quien hablar

Hay un tipo que no sabe lo que quiere,
pero siempre quiere más
y cree que todo se consigue invitando a alguien a cenar
Ayer se arrojó un tipo desde un balcón
de la Avenida Principal
y las portadas de hoy hablaban del turismo,
que va a aumentar

Éste es un mundo cerrado y nadie quiere mirar más allá
pero si traes dinero, te pondrán una autopista
que cruzará el mar
Muy cerca hay otra ciudad gigantesca,
hecha de humo y tubos de metal,
que nos alimenta a todos, pero un día nos va a incinerar

Hay una calma tensa,
hay un gesto adusto, hay una resignada crispación
Los más listos pliegan sus sueños y se ponen a jugar al golf
La Historia con mayúsculas anduvo aquí un tiempo,
descansando y tomando el sol
y luego se aburrió y se fue lejos, y nos dejó
pilares de piedra y de resignación.

TODOS SABÉIS QUE
ESTAMOS EN EL INFIERNO

Todos sabéis que estamos en el infierno
Todos sabéis que no sabéis qué estáis haciendo
Podemos hablar y gritar y reír como memos
Podemos pasarlo bien mientras volvamos a vernos

No espero compasión
justicia ni perdón
No pienso escuchar más
mentiras de salón

Siempre podéis decir que todo está decidido
Siempre podéis decir que tenéis muchos amigos
Siempre podéis comprar una sesión de abismos
Siempre podéis ir más lejos sin moveros del sitio

No espero compasión
justicia ni perdón
No pienso escuchar más
mentiras de salón

(*Solo.*)

Todos sabéis que estamos en el infierno
Todos sabéis que estamos en el infierno
Todos sabéis que estamos en el infierno
Todos sabéis que estamos en el infierno

BLUES DEL FINAL

Bueno, es una noche fría
Bueno, es una noche más
Esta noche mis demonios
han venido a saludar
Esta noche mis demonios
han venido a saludar
y reprocharme la ocurrencia
de escaparme de otra vida más cabal

Bueno, estoy ya muy cansado
de tanto vagabundear
Esta noche me pregunto
si ha llegado mi final
Esta noche me pregunto
si ha llegado mi final
En la calle ulula el viento
y a lo lejos, oigo el cántico del mar

(*Solo.*)

Quisiste bailar
Quisiste soñar
Quisiste volar
En la calle ulula el viento
y a lo lejos, oigo el cántico del mar

Quisiste bailar
Quisiste soñar
Quisiste volar
En la calle ulula el viento
y a lo lejos, oigo el cántico del mar

En la calle ulula el viento
y a lo lejos, oigo el cántico del mar

En la calle ulula el viento

QUIERO

Quiero
decir que siento
que este momento
no sea perfecto
que no celebro
mis desaciertos
que ya no entiendo
lo que es correcto

Que este camino
no era tan fácil
que nuestros sueños
no se dan gratis
que la locura
nunca anda lejos
que cada día
nos cambia el viento

Por eso quiero
decir que intento
que este momento
no sea un desierto
que tu mirada
no sea un lamento
que las tristezas
no sean espejos

Que este camino
no era tan fácil
que nuestros sueños
no se dan gratis
que la locura
nunca anda lejos
que cada día
nos cambia el viento

(*Solo.*)

Que este camino
no era tan fácil
que nuestros sueños
no se dan gratis
que la locura
nunca anda lejos
que cada día
nos cambia el viento

Que este camino
no era tan fácil...

DIME YA

Dime ya
si nos vamos hacia el mar
si nos vamos a estrellar
si nos vamos a cansar de ser los últimos del bar
si debía suceder
tal vez hoy, tal vez ayer
si no vimos la señal
si se acerca un temporal
si el verano terminó
si el teatro ya cerró
si he perdido el resplandor mientras cantaba mi canción

Acércate
Crucemos el mar
Acércate más
Crucemos el mar
Acércate más
Crucemos el mar...

Y dime ya
ahora, cuando el sol se va
si esperabas algo más
de la vida y del amor
¿Crees que pudo ser mejor?
¿Crees que nada importará
más allá del más allá?
¿Te valió la pena o crees que nunca nada fue real?

Acércate
Crucemos el mar
Acércate más
Crucemos el mar
Acércate más
Crucemos el mar...

(*Solo.*)

Y dime ya
que mañana no te irás
que saldremos a bailar
que podremos encontrar algún lugar en la ciudad
donde desaparecer
y arrancarnos el ayer
Soñaremos con la piel y volveremos a nacer
Soñaremos con la piel y volveremos a nacer
Soñaremos con la piel y volveremos a nacer

A VECES

A veces pienso que no llegaré muy lejos
A veces pienso que no sé qué estoy haciendo
A veces pienso que se me está acabando el tiempo
        y mañana es Navidad

A veces pienso que me alimento de mis sueños
A veces pienso que me salvo por los pelos
A veces pienso que sería divertido
        prenderle fuego a todo esto

A veces siento que buceo en tus abismos
A veces bailo en el umbral de tu delirio
A veces pienso que te quiero y que te quiero
        y que te quiero y que te quiero

A veces pienso que he perdido la cabeza
A veces pienso que no sé qué hice en la escuela
A veces corro por la carretera abierta
        y no sé dónde parar

A veces sueño con sentir que todo encaja
A veces, ¡no sé dónde habré puesto el alma!
A veces tengo que descolgarme las espaldas
        y escaparme bajo el mar

A veces siento que buceo en tus abismos
A veces bailo en el umbral de tu delirio
A veces pienso que te quiero y que te quiero
     y que te quiero y que te quiero

(*Solo.*)

A veces rezo por conseguir una tregua
A veces trato de esconderme bajo tu lengua
A veces creo que no hay nada en esta Tierra
     que me importe si no estás cerca

A veces siento que buceo en tus abismos
A veces bailo en el umbral de tu delirio
A veces pienso que te quiero y que te quiero
     y que te quiero y que te quiero

A veces siento que buceo en tus abismos
A veces bailo en el umbral de tu delirio
A veces pienso que te quiero y que te quiero
     y que te quiero y que te quiero

BONUS TRACK